Regina Söffker
Wolfgang Hase

Erfurt

Gestern | Heute

 Wartberg Verlag

Text

Regina Söffker

Bildnachweis

Wolfgang Hase: S. 5; 7; 8 o., 9 (2x), 11, 13, 14 u., 15 u. (2x), 17 (3x), 18, 19, 20 r., 21 (2x), 22, 23 (2x), 25 (2x), 26 u., 27 r., 29, 31, 32 r., 33 u., 35, 36, 37, 38 (2x), 39 (2x), 40, 41 (3x), 42, 43, 44 u., 45 (2x), 47 u., 49, 51, 52 u., 53 (2x), 55, 56 u., 57 (3x), 58, 59, 60 (2x), 61 (2x), 63, 65, 67, 68, 69, 71, Umschlagrückseite re.;

Privatarchiv Wolfgang Hase: S. 4 l, 6, 10, 12, 14 o., 15 o., 24 u., 34, 46, 48, 52 o., 64, Umschlagrückseite li.;

Ullstein bild: S. 24 o., 26 o., 27 l., 28, 30, 50;

ullstein bild-histopics: 32, 33 l., 50, 54, 56 o.;

ullstein bild-Kallabis: 44 o.;

ullstein-Boldt: S. 70; Picture alliance: S. 8 u., 16;

Picture alliance/agk-Images: S. 24 u. (2x), 47 o.;

Jüdische Gemeinde, Erfurt: S. 62, 64;

Picture alliance/ZB: S. 66 (2x);

Regina Söffker: S. 20 l.;

Titel: Wolfgang Hase (2x)

1. Auflage 2011

Alle Rechte vorbehalten, auch die des auszugsweisen Nachdrucks und der fotomechanischen Wiedergabe.

Satz und Layout: Christiane Zay, Bielefeld

Druck: Bernecker MediaWare AG, Melsungen

Buchbinderische Verarbeitung: Buchbinderei Büge, Celle

© Wartberg Verlag GmbH & Co. KG

34281 Gudensberg-Gleichen, Im Wiesental 1

Telefon: 0 56 03 · 9 30 50

www.wartberg-verlag.de

ISBN 978-3-8313-2240-4

Erfurt – Stadt zwischen Tradition und Moderne

Die Gegenüberstellung historischer und aktueller Aufnahmen zeigt, wie sehr sich Erfurt in den letzten 100 Jahren verändert hat. Zu Recht ist Erfurt stolz auf seine historischen Bauten, allen voran das weit über Deutschlands Grenzen hinaus berühmte Bauensemble Dom St. Marien und Severikirche, den Fischmarkt oder die Krämerbrücke, die zu Europas bekanntesten Brückenstraßen gehört. Nach der Wende wurden Quartiere wie das Andreasviertel und „Klein Venedig" liebevoll saniert und sind heute ein Magnet für Touristen aus dem In- und Ausland.

Der ega-Park, der 36 000 qm^2 umfasst, steht für die Gartenbautradition Erfurts, das sich zu Recht den vielversprechenden Beinamen „Blumenstadt" gibt. Bereits zu DDR-Zeiten (Stichwort „iga") war der Park sehr beliebt und viele werden sich bei der Betrachtung der historischen Bilder erinnern: Ja, so hat es damals ausgesehen!

Entdecken Sie, liebe Erfurter, Ihre Stadt neu und lassen Sie sich, liebe Gäste, von den städtebaulichen und sozialen Veränderungen, die die Fotografien dokumentieren, überraschen.

Regina Söffker und Wolfgang Hase

Willkommen in Erfurt!

Mit der Ankunft am Erfurter Hauptbahnhof betritt man geschichtsträchtigen Boden. Der Durchgangsbahnhof entstand auf einem ehemaligen Festungswall aus dem 14. Jahrhundert und gehört zu den zentralen Knotenpunkten des deutschen Eisenbahnnetzes. Von 2002 bis 2008 wurde er komplett umgebaut und verfügt nun über 21 Bahnsteiggleise und 12 Bahnsteige.

Die Vorderansicht des Erfurter Bahnhofs um 1900. Auf dem Vorplatz warteten Kutschen, um die Reisenden an ihr Ziel zu bringen.

Tradition und Moderne vereinen sich im Erfurter Hauptbahnhof. Mit dem Umbau blieben historische Elemente erhalten. Ein Einkaufszentrum ermöglicht es den jährlich ca. 13 Millionen Fahrgästen, sich auf 3000 Quadratmetern die Wartezeiten kulinarisch oder mit Shoppen zu vertreiben.

„Willy Brandt ans Fenster"

Vom Bahnhofsvorplatz aus fällt der Blick auf das gegenüberliegende ehemalige Hotel „Erfurter Hof", erstmals erwähnt im Jahr 1872. Nach dem Neubau des Erfurter Hauptbahnhofes 1890 wurde das Hotel 1904/1905 um einen Hotelneubau erweitert, hinzu kam das „Haus Kossenhaschen". 1948 wurden beide in „Erfurter Hof" umbenannt. In DDR-Zeiten war es das erste Haus am Platze. Neben DDR-Gemütlichkeit wie beispielsweise im „Palast-Café" und der „Mocca-Bar" machte dieses Hotel weltweit von sich reden, als sich in ihm 1970 Willy Brandt und Willi Stoph zum ersten deutsch-deutschen Gipfel trafen.

Am 30. Juni 1995 wurde das Hotel geschlossen und ist nach einem Umbau seit 2007 ein Geschäftshaus. Seit dem 20. Mai 2009 gebührt dem Bau die Ehre, zum Denkmal ernannt worden zu sein. Die Leuchtschrift „Willy Brandt ans Fenster" auf dem Dach des Gebäudes erinnert daran, dass sich zahlreiche Erfurter 1970, gegen den Willen von Partei- und Staatsführung, auf dem Bahnhofsvorplatz versammelten und laut „Willy Brandt ans Fenster" riefen.

Das Hotel „Kossenhaschen", später Erfurter Hof, um 1900.

Heute ist der „Erfurter Hof" ein Geschäftshaus.

Hier trifft sich Erfurt

Durch die Bahnhofstraße vorbei an der Reglerkirche, einst Stiftskirche des Augustinerordens, ist es nur einen Steinwurf weit zum „Wohnzimmer Erfurts", dem Anger, der zentralen Straße in der Innenstadt. 1196 wird der Anger erstmals urkundlich erwähnt.

Der zirka 600 Meter lange Anger war und ist eine Flaniermeile mit Geschäften und Gaststätten, die zum Verweilen einladen. Mutet der Anger im nordöstlichen Teil mehr wie ein Platz an, wird er im südwestlichen Abschnitt schmaler und zur Einkaufsstraße. Die meisten der Bürgerhäuser, die die Fußgängerzone säumen, stammen aus dem 19. beziehungsweise aus dem 20. Jahrhundert.

Schräg gegenüber der Einkaufsgalerie I (S. 14) stehen das Lutherdenkmal (S. 10/11) und die Kaufmannskirche (S. 15), eine schlichte Basilika aus dem 13. und 14. Jahrhundert, in der 1668 die Eltern von Sebastian Bach getraut wurden. Im Zentrum des Angers thront das ehemalige Kaiserliche Postamt, heute Post und Geschäftshaus (S. 12/13).

Ein Blick auf die Einkaufs- und Flaniermeile Anger von der südwestlichen Seite. In den 60er-Jahren verhinderten Oberleitungsbusse, Straßenbahnen, Autos und Motorräder, dass die Fußgänger von einer zur anderen Straßenseite schlendern konnten. Heute darf nur noch die Straßenbahn den Anger passieren. Breite Bürgersteige mit Straßencafés machen Lust, zu verweilen.

Das Angereck wurde von 1977–1979 auf einer Fläche erbaut, die nach den Bombardierungen des Zweiten Weltkriegs brachlag. Es war zu DDR-Zeiten, hier ein Foto aus den 70er-Jahren, ein beliebter Treffpunkt mit Eiscafé im Erdgeschoss, einer Mokkabar und Terrasse im 1. Stock. Ende der 90er-Jahre wurde das Angereck durch einen Neubau ersetzt und ist heute ein Geschäftshaus.

Vor der Kaufmannskirche thront auf einem Sockel Dr. Martin Luther, der am 22. Oktober 1522 in der Kirche gepredigt hat. Martin Luther lebte und studierte zwischen 1501 und 1511 in Erfurt und war der Stadt eng verbunden. Das Denkmal wurde von dem Berliner Fritz Schaper entworfen und zwischen 1889 und 1890 errichtet.

Das Lutherdenkmal

Das Erfurter Lutherdenkmal beeindruckt bis heute. Auf der Vorderseite des Denkmals ist Vers 17 des Psalms 118 zu lesen. „Ich werde nicht sterben, sondern leben und des Herrn Werk verkünden".

Das Hauptpostamt

Das Hauptpostamt ist ein markanter Bau im neugotischen Stil. Die Fassade des Eckhauses aus dem Jahr 1895 besteht aus Sandstein, Klinkern und Terrakotta. Eine Aufnahme aus dem Jahr 1900.

Nach der Modernisierung und Umgestaltung 2007 erinnert nur noch eine zentrale Brief- und Paketannahme an die Glanzzeiten des Hauptpostamtes. Der überwiegende Teil des Hauses wird vom Einzelhandel genutzt und beherbergt Büros. Den neuen Angerbrunnen schuf der Suhler Künstler Waldo Dörsch. Er besteht aus Bronze und Kunststein und wurde 1978/1979 gebaut.

Einkaufsgalerie 1

Die Ostseite des Angers schließt das Kaufhaus „Römischer Kaiser" ab, das 1906/1908 errichtet wurde. Eine Aufnahme zu Beginn des vergangenen Jahrhunderts.

Heute ist die zu DDR-Zeiten als Centrum-Warenhaus bekannte Einkaufsstätte der größte Einkaufstempel Thüringens, die „Einkaufsgalerie Anger 1".

Die Kaufmannskirche (Ecclesia Mercatorum) ist die einzige doppeltürmige evangelische Pfarrkirche der Stadt. Während des Dreißigjährigen Krieges war sie schwedische Garnisonskirche. Die Aufnahme entstand wohl zu Beginn des 20. Jahrhunderts.

Nach einer umfassenden Sanierung (2007–2009) erstrahlt die Kaufmannskirche im hellen Glanz. Sie trägt übrigens das Siegel „Verlässlich geöffnete Kirche".

Zentren der Macht

Das Gebäude, in dem sich heute die Staatskanzlei befindet, seit 1995 Amtssitz des Thüringer Ministerpräsidenten, hat eine wechselvolle Geschichte hinter sich. Vom Patrizierhaus wurde es zur Residenz des Kurmainzischen Statthalters, es war preußisches Gouvernementsgebäude, avancierte während Napoleons Aufenthalt in Erfurt zum Kaiserlichen Palast, und zu DDR-Zeiten hatte sich in dem prachtvollen Barockbau an der Regierungsstraße der Rat des Kreises Erfurt-Land einquartiert.

In den Jahren 1711–1720 entstand das als ehemalige Statthalterei bekannte Palais, hier eine Aufnahme aus dem Jahr 1890.

Seit 1995 ist der schöne Barockbau an der Regierungsstraße Staatskanzlei. Die kleine Grünanlage vor dem Prachtbau steht seit dem 18. Jahrhundert „anständig gekleideten Bürgern" als Sonntagspromenade zur Verfügung. Sehenswert ist auch das Innenleben des Regierungssitzes, wie z. B. das Vestibül und der Festsaal.

Tradition über die Jahrhunderte unverändert: Vestibül und Festsaal der heutigen Staatskanzlei.

Von der Cyriaksburg zur ega

Erfurt gibt sich den schmückenden Beinamen Blumenstadt und das zu Recht! Immerhin begründet Christian Reichart (1685–1775) schon um 1700 den gewerbsmäßigen Gartenbau und die Gemüsesamenzucht in Erfurt. Zu DDR-Zeiten wurde ein gewaltiges Projekt tatkräftig umgesetzt. Ende der 50er-Jahre des vergangenen Jahrhunderts legten die Blumenstädter in 360 000 freiwilligen Aufbaustunden Hand an und schufen auf 100 Hektar Blumenbeete, Fontänen, Wasserachsen und Rasenflächen, bauten Ausstellungshallen. Am 28. April 1961 war es so weit: Die erste Internationale Gartenbauausstellung (iga) wurde eröffnet. Auf Freiflächen und in Ausstellungshallen präsentierten Blumenzüchter, Floristen, Gartenarchitekten, Landmaschinenhersteller und Obst- und Gemüseproduzenten – vorrangig aus den Ostblockländern – ihre besten Waren. Fachleute mischten sich mit Touristen und Erfurtern, die auf dem weitläufigen Areal spazieren gingen.

Bis zur Wende war die „iga" der Treffpunkt für Fachleute des Gemüseanbaues und der Blumenzucht. Inzwischen steht die „iga" unter Denkmalschutz. 2006 wurde ein Teil des Geländes in „ega-park Erfurt" umbenannt.

Ausstellungshallen auf der „iga" anno 1961. Die Skulptur gibt es heute nicht mehr.

Mit der Umgestaltung der „iga" zum ega-Park wurden die Ausstellungshallen umgestaltet und neue moderne Hallen gebaut. Dieses Gebäude gehört zum Kindermedienzentrum.

In den 50er-Jahren befand sich auf dem Gelände der Cyriaksburg, später iga, ein Spielplatz mit ein paar Schaukeln, einem Holzpfred, Sandkasten, Wippe und einem kleinen Karussell.

Heute beherbergt die ega Erfurt einen der größten Spielplätze Thüringens mit Kletterpyramiden, Seilbahn, Bootscooter, Riesenwasserrutsche, Indiana-Jones-Land und vielem mehr.

Das beliebte Café an der Rendezvousbrücke auf der iga – eine Aufnahme aus den 70er-Jahren.

Mit der typisch spartanischen „HO-Gemütlichkeit" von damals hat das einladende und moderne Pflanzencafé heute nichts mehr gemein.

Die Cyriaksburg

Die ehemalige Cyriaksburg auf dem Gelände des ega-parkes ist Sitz des Deutschen Gartenbaumuseums. Die Cyriaksburg war seit 1480 Teil der Befestigungsanlagen Erfurts. Ein Großteil der Gebäude, die das Gartenmuseum beherbergen, stammt aus den Jahren 1825 bis 1829. Zeitgleich mit der iga 1961 eröffnete das Museum. Hier eine Aufnahme aus den 70er-Jahren.

Das deutsche Gartenbaumuseum wurde 1994 geschlossen, das Gebäude umgestaltet und saniert. Im Jahr 2000 war die Wiedereröffnung.

Vor dem Museum steht ein Waidmühlstein. Waidmühlen waren ein Markenzeichen des historischen Erfurt.

Das Erfurter Wahrzeichen

Das Ensemble Erfurter Mariendom und Severikirche gehört zu den schönsten Sakralbauten Deutschlands. Der Dom diente in der Mitte des 8. Jahrhunderts für kurze Zeit als Bischofssitz und war seit dem Mittelalter bis in das frühe 19. Jahrhundert Sitz des Kollegiatsstiftes St. Marien. Martin Luther wurde 1507 im Erfurter Dom zum Priester geweiht. Seit 1994 ist der Dom die Kathedrale des neu geschaffenen Bistums Erfurt.

Neben dem Dom steht St. Severi, eine fünfschiffige gotische Hallenkirche, die 1121 erstmals erwähnt wurde. Nach Süden schließen sich an das Langhaus die ehemaligen Stiftsgebäude an.

70 Stufen führen auf den Domberg. Der Erfurter Dom St. Marien ist der älteste Kirchenbau Erfurts. Er ist das Wahrzeichen der thüringischen Landeshauptstadt und weit über die Grenzen Deutschlands hinaus bekannt. St. Marien wird erstmals 1117 urkundlich erwähnt. Der Kirchenbau wurde aus Seeberger Sandstein errichtet, der aus dem gleichnamigen Berg nahe Gotha gewonnen wurde. Das Foto ist von 1955.

Vom Brühl kommend, machte vor einigen Jahrzehnten ein gewaltiges Mosaikbild am Giebel des Domes, das Maria mit Kind darstellt, auf sich aufmerksam. Eine Aufnahme aus dem Jahr 1927.

Auch wer in heutigen Tagen Erfurt besucht, wird den Aufstieg zum Domberg sicher nicht scheuen, um die architektonischen Details der beiden Sakralbauten Dom St. Marien und St. Severi in Augenschein nehmen zu können.

Das Marienbild (vgl. Foto links) wurde 1968 im Zuge von Restaurierungsarbeiten abgebaut.

Der Domplatz

Nach stillen Minuten besinnlicher Einkehr im gewaltigen Inneren beider Kirchen wenden wir uns dem städtischen Leben zu. Auf dem Domplatz wird wie eh und je der Wochenmarkt aufgebaut oder einer der Rummel, wie die Erfurter ihren Jahrmarkt mit Karussells und Verkaufsständen nennen. Der Domplatz trägt diese Bezeichnung erst seit 1945, bis dahin wurde er meist „Gradenmarkt" genannt, in Anlehnung an gradus (= Stufe) und die breite Treppe, die diesen Platz prägt. Seit 1994 finden dort die spektakulären Domstufen-Festspiele statt

Der Domplatz wird von einer Reihe schöner Fachwerkbauten begrenzt. Östlich, direkt gegenüber dem Domensemble, besticht eine Häuserzeile mit liebevoll restaurierten Bürgerhäusern aus verschiedenen Stil- und Zeitepochen. In unmittelbarer Nähe dieser Bauten findet man besonders beeindruckende historische Gebäude. Erwähnt seien „Die grüne Apotheke", sie ist seit 1638 nachweisbar und die „Hohe Lilie", die 1538 von einem Goldschmied als vornehm ausgestaltete Herberge erbaut wurde. Gustav II. Adolf von Schweden (1631) und Martin Luther sollen dort eingekehrt sein. 1964 bis 1969 wurde das Haus renoviert, die Fassade originalgetreu wiederhergestellt und das Gebäude seitdem als Restaurant und Weinlokal genutzt.

In den 60er-Jahren herrschte vor dieser Häuserzeile lebhafter Verkehr. Heute ist der Bereich verkehrsberuhigt, nur noch die Straßenbahn darf hier fahren. Zahlreiche Straßencafés säumen die Häuser.

Die „Hohe Lilie" am Domplatz (Fotomitte), hier in einer Aufnahme von 1931, darf sich rühmen, eines der ältesten Gasthäuser Europas zu sein. Es gehörte einst dem Ratsherren Johannes Ludolf und ihr heutiges Aussehen geht auf das Jahr 1538 zurück.

Heute kann man im Gasthaus „Zur Hohen Lilie" italienische Speisen genießen.

Auf dem Petersberg

Auf dem Petersberg wurde und wird „scharf geschossen"! Ehemals mit Kanonen und heute mit Worten und Strafen, mit denen arbeitsrechtliche Auseinandersetzungen juristisch geklärt werden. Nachdem Erfurt 1664 erobert worden war, ließen die neuen, die Mainzer Stadtherren, auf dem Petersberg eine gewaltige Befestigungsanlage anlegen. 1673 schuf Antonio Petrini das kunstvolle Barockportal des Peterstores, durch das man noch heute die Anlagen betritt.

1999 siedelte sich einer der fünf obersten Gerichtshöfe unseres Landes auf dem ehemaligen Hornberg der Zitadelle Petersberg an: das Bundesarbeitsgericht.

Der Aufstieg auf den Petersberg, der im Zentrum der Stadt liegt, lohnt sich. Von dort oben hat der Besucher eine fantastische Aussicht auf die Altstadt. Im Inneren des Berges befindet sich heute ein riesiges Parkhaus.

Das Peterskloster, erstmals 1060 urkundlich erwähnt, wurde 1813 weitgehend zerstört. Lediglich die Peterskirche blieb im Wesentlichen erhalten. Die Aufnahme entstand um 1920.

Lange Zeit diente die Peterskirche u. a. als Magazin und Lager. Während der DDR-Zeit war sie auch Sporthalle. Seit 1998 gehört das Gebäude zur Stiftung Thüringer Schlösser und Gärten, die das Obergeschoss als Veranstaltungsraum vermietet. Im Erdgeschoss hat seit 1993 das Erfurter Forum Konkrete Kunst seinen Ausstellungsraum.

Das Rathaus

1830 wurden Teile des alten Rathauses, das 1275 erstmals urkundlich erwähnt wurde, abgerissen und 1869 begannen die Bauarbeiten für das neue Rathaus im Stil der Neugotik. Die Aufnahme entstand zwischen 1890 und 1900.

Äußerlich hat sich das Rathaus bis heute kaum verändert und es ist nach wie vor Sitz der Stadtverwaltung.

Der Fischmarkt

Der Fischmarkt wird erstmals 1248 urkundlich erwähnt. Neben dem Handel mit Fisch hatte der Platz seit der Gründung Erfurts eine zentrale politische Bedeutung. Hier versammelten sich die Bürger, wenn sie dem Rat Treue schwören mussten und er war Aufmarschplatz für Demonstrationen gegen den Rat (1310/1509/1510). 1290 wurden auf ihm 29 Thüringer Raubritter hingerichtet und 1663 an dem Obervierherrn Limprecht wegen angeblichen Landesverrates das Urteil vollstreckt. Was anderen Städten ihr Roland, ist den Erfurtern ihr „Römer" (zeitweise auch Roland genannt), den der Bildhauer Israel von Milla 1591 schuf. Der bewaffnete Krieger gilt als Symbol des bürgerlichen Widerstands gegen die Herrschaftsansprüche des Stadtherrn.

Der Platz ist gesäumt von wunderschönen alten Bauten. 1562 ließ sich der Waidhändler Jakob Naffzer das Haus „Zum Roten Ochsen" errichten. Es steht dem Rathaus direkt gegenüber und beherbergt heute eine Kunsthalle.

Ein schönes Fassadendetail des Renaissancegebäudes, das sich heute in seiner vollen Pracht präsentiert.

Blick auf den Fischmarkt mit seinem Schmuckstück, dem Haus „Zum breiten Herd" (1584 erbaut). 1882/1883 wurde das Haus um einen Anbau nach Osten verbreitert. Beachtenswert sind die Brüstungsplatten über dem Erdgeschoss, die auf die fünf Sinne eines Menschen und seine Tugenden hinweisen sollen. Hier eine Aufnahme aus dem Jahr 1957.

Gegenüber dem Rathaus steht das Haus „Zum Roten Ochsen", eine Aufnahme aus dem Jahr 1975. Seit 1562 ist es ein zum Renaissancegebäude umgebautes Patrizierhaus mit beeindruckenden Fassadenschmuckelementen.

1979 zog die Kultur in das Haus ein und es beherbergt heute die Kunsthalle Erfurt mit wechselnden Ausstellungen.

Die Krämerbrücke

„Krämer" ist ein etwas veralteter Ausdruck für Kaufmann und wird heute oft nur noch abwertend benutzt. Wer als „krämerisch" bezeichnet wird, gilt als kleinlich und Pedanten werden gerne „Krämerseele" genannt. Nichts von alldem haftet Erfurts Krämerbrücke und berühmtestem Profanbau an.

Kein Tourist, der Erfurt besucht, kommt an ihr vorbei. Die Krämerbrücke entstand an der Furt durch die Gera, war zunächst aus Holz und wird erstmals urkundlich erwähnt, als sie abbrannte. Demnach könnte sie schon im 11. Jahrhundert erbaut worden sein. 1325 ließ sie der Rat der Stadt in Stein errichten, wobei fünf Sandsteinbögen das Wasser überspannen. Die Krämerbrücke ist mit 120 Metern Länge die längste komplett erhaltene bebaute und bewohnte Brückenstraße Europas. Ehemals waren es 62 Häuser, in denen Kaufleute ihre Waren wie Pfeffer, Safran, Seife, Papier, Seide und Goldschmiedewaren feilboten. Im Laufe der Zeit wurden die Häuser zu klein und man fasste sie zusammen, sodass es letztendlich 32 wurden. An beiden Eingängen befanden sich Brückenkopfkirchen, von denen die Ägidienkirche am Osteingang erhalten blieb.

Diese Aufnahme der Krämerbrücke entstand um 1900 und wurde von der historischen Gaststätte „Alter Schwan" an der Gotthardstraße aus fotografiert.

Die Fassaden haben sich stark verändert, wie das aktuelle Bild zeigt. Schmuck kommt sie daher, die Krämerbrücke.

Zu DDR-Zeiten war der Vorzeigebau zwar aufwendig restauriert worden, doch die Krämerbrücke machte, trotz einiger Läden, einen unbelebten Eindruck.

Nach der Wende hielten Gaststätten, Läden, Boutiquen und Antiquitätengeschäfte Einzug in die Krämerbrücke, die nicht nur Touristen aus dem In- und Ausland zum Bummeln, Einkaufen und Verweilen einladen.

Ein Hauch von Venedig

Erfurt ist eine brückenreiche Stadt und schuld daran ist die Gera. Im Stadtgebiet spaltet sich der Fluss in mehrere natürliche und künstliche Wasserläufe, wie Berg- und Walkstrom, die sich in der Innenstadt zum Breitstrom vereinen. Im 15. Jahrhundert waren die kleinen Wasserläufe ein idealer Standort für Kornmühlen. Es gab sieben von ihnen, die heute alle verschwunden sind. Vor zirka 115 Jahren wurde der Flutgraben entlang der Stadtmauer angelegt. 100 der insgesamt 158 Brücken führen über Wasserläufe der Gera, 34 von ihnen sind historisch. Als das Stadtgebiet 1994 erweitert wurde, stieg die Zahl der Erfurter Brücken erheblich. Mit nun 234 Brücken und Stegen hat Erfurt immerhin halb so viele Brücken wie Venedig!

Und nicht nur das – hinter der Krämerbrücke beginnt das thüringische Venedig. „Klein Venedig" nennen die Erfurter bescheiden das Gebiet um die Augustinerstraße. Geprägt wird dieses Quartier von wunderschön sanierten historischen Häusern und einer kleinen Wohnanlage mit schicken Eigentumswohnungen.

Das Wehr im Luisenpark, eine der zahlreichen Brücken Erfurts. Das Foto entstand in den 60er-Jahren.

Das Luisenparkwehr heute.

Neue Mühle

Wo Wasser ist, da sind auch Mühlen, wie die „Neue Mühle". Die Mühle an der Schlösserstraße wird erstmals 1259 urkundlich erwähnt. Graf Ernst von Gleichen übergab sie als Lehen an einen Erfurter Bürger. 1736 brannte sie bei einem großen Stadtbrand ab und wurde schon ein Jahr später als „Neue Mühle" wieder aufgebaut. Die Aufnahme entstand in den 70er-Jahren.

Die am Breitstrom gelegene Neue Mühle arbeitete bis 1982. 1992 wurde sie als Technisches Denkmal und Mühlenmuseum eröffnet.

Das „Dämmchen"

Das „Dämmchen" ist der Name für eine Insel zwischen beiden Geraarmen am Erfurter Kreuzsand. Der Damm entstand auf natürliche Weise. Eine Aufnahme aus den 70er-Jahren.

Das gleiche Gebäude ist heute, nach der Sanierung, ein Schmuckstück.

Ein Wohnhaus am Dämmchen, Ecke Horngasse. Die Aufnahme aus den 70er-Jahren zeigt das Haus in einem relativ guten Zustand, so scheint es. Mit der Sanierung ist ein attraktives Wohnhaus entstanden.

Zu DDR-Zeiten lieblos behandelt und teilweise dem Verfall preisgegeben: Die Gebäude in „Klein Venedig".

Heute ist „Klein-Venedig" eine beliebte Wohngegend, malerisch gelegen mit viel Grün und Blick aufs Wasser.

Das Venedig in Erfurt in einer Aufnahme, die zwischen 1890 und 1900 entstand. Ein Kahn vor dem Haus war selbstverständlich, vielleicht sogar notwendig.

Ein Jahrhundert später sieht der Blick auf das Erfurter Venedig so aus. Ein Glückspilz, wer in so einem Ambiente leben oder arbeiten kann.

Martin Luthers einstiges Quartier ist malerisch gelegen. Es wurde komplett saniert und umgestaltet. Heute ist darin eine Dauerausstellung zu finden, außerdem dient sie als Pilgerherberge.

Die Georgenburse

Zu den wichtigsten Gebäuden an der Augustinerstraße gehört die Georgenburse, die einst den Studenten Martin Luther beherbergte. Bis in das 19. Jahrhundert spielte sich das studentische Leben in Erfurt vorrangig in Bursen und Kollegien ab.

Acht Jahrhunderte Studentenstadt

Wer gut studieren will, der gehe nach Erfurt, soll Martin Luther empfohlen haben, der 1501 an der Erfurter Universität immatrikuliert wurde. Nicht der Landesherr, wie sonst üblich, sondern das Erfurter Bürgertum stiftete und gründete 1392 die Erfurter Universität, an der neben kanonischem Recht auch bürgerliches Recht gelehrt wurde. Sie war nach Heidelberg (1386) und Köln (1388) die dritte Universität auf deutschem Boden. In Überlieferungen aus dem 15. Jahrhundert heißt es, die Erfurter Universität sei die meistbesuchte Universität Deutschlands.

Berühmt wurde die im damaligen Lateinischen Viertel gegenüber der Michaeliskirche gelegene Bildungsstätte durch den Mediziner Amplonius Rating de Berka, der von 1394 bis 1395 ihr zweiter Rektor war. Er stiftete 635 Bände seiner Privatbibliothek, die als Bibliotheca Amploniana weltberühmt wurde. Sie gilt als weltweit größte Handschriftensammlung eines mittelalterlichen Gelehrten und enthält zirka 900 medizinische Abhandlungen aus dem 15. Jahrhundert. 1816 wurde die Universität, an der sich zuletzt nur noch 20 Studenten befanden, aufgelöst, ein Schicksal, das sie mit zahlreichen anderen kleinen deutschen Universitäten teilte.

1994 wurde die Erfurter Universität als jüngste Universität der Bundesrepublik gegründet. In die neue Einrichtung ging unter anderem die Pädagogische Hochschule auf. Die Universität setzt auf die Schwerpunkte Religion und Pädagogik und bietet 30 Studiengänge an. Bereits 1991 öffnete die Fachhochschule Erfurt mit den Fachbereichen Gartenbau und Bauwesen ihre Pforten. 2008 wurde die erste private Adam-Ries-Fachhochschule gegründet.

Eine alte Postkarte der Universität, aufgenommen ca. 1900.

Die Alte Universität an der Michaelisstraße als Besuchermagnet: Auf diesem Foto ist eine Touristengruppe in den 90er-Jahren zu sehen, die die Alte Universität besichtigt.

Die Aufnahme zeigt die Alte Universität nach ihrer umfangreichen Sanierung. Seit dem 24. Juni 2011 ist sie Sitz der Evangelischen Kirche Mitteldeutschlands.

Die Studentenburse (bursa pauperum) am Kreuzsand und Breitstrom in einer Aufnahme, die um 1900 entstand. Bursen waren Internate, die dadurch gekennzeichnet waren, dass die Gemeinschaft der Scholaren aus einer gemeinsamen Kasse lebte. In einer Burse befanden sich beheizbare Wohn-, Ess- und Unterrichtsräume und die Schlafräume für die Scholaren.

Für die Nachwelt als Denkmal erhalten und rekonstruiert: die Studentenburse.

erfordia turrita

Erfordia turrita – turmreiche Stadt, diese Aussage soll auf Martin Luther zurückgehen. Angesichts der ehemals 21 Pfarrkirchen, mehr als 15 Klosterkirchen und Kapellen, der 15 Klöster und vier Stiftskirchen ein berechtigter Ausspruch. Heute gibt es noch 24 Gotteshäuser.

Das Augustinerkloster wurde ab 1277 für die Augustiner Eremiten erbaut. Martin Luther lebte hier zwischen 1505 und 1512 als Mönch. 1525 übernahm es die evangelische Kirche. Eine Aufnahme von 1931.

Nachdem 1945 Teile des Klosters bei einem Luftangriff zerstört wurden, wurde es saniert, jüngst zwischen 2000 und 2003. Es ist seit 1994 Dienstsitz der Probstei Erfurt-Nordhausen.

Das Grau aus dem Gesicht gewischt

Heute braucht ein Maler eine breite Farbpalette, um den Charme der verwinkelten Gassen in der Altstadt Erfurts auf die Leinwand bannen zu können. Die kleinen Häuser haben sich das Grau aus DDR-Tagen aus dem Gesicht gewischt und erstrahlen in neuer Farbigkeit. Viele Gebäude brauchen sich nicht mehr davor zu fürchten, dass der Zahn der Zeit sie ganz in sich zusammenfallen lässt und sie neuen Profanbauten weichen müssen. In die alten Gemäuer zog mit Wohnungen, Gaststätten, kleinen Cafés, Boutiquen, Läden und Geschäftsräumen neues Leben ein. Zwischen Bergstrom und Walkstrom liegt der Fischersand, ein romantischer Platz, der zu DDR-Zeiten ein trauriges Dasein fristete und heute zum Bummeln und Einkehren einlädt.

Eine Postkarte von ca. 1900 bietet einen Blick auf den Fischersand. Die auf einem Damm zwischen den Flussarmen Walk- und Bergstrom angelegte Straße, die von der Langen Brücke bis zum Herrmannplatz reicht, heißt seit 1817 Fischersand. Der Name geht darauf zurück, dass hier einst Fischer und Fischmenger wohnten.

Die aktuelle Aufnahme zeigt einen romantischen Winkel mit schicken Wohnungen, Geschäften, Cafés.

Das Haus am Fischersand wurde erstmals im 17. Jahrhundert erwähnt. Es war Wohnhaus und ein Jahrhundert später Erziehungsanstalt für „verwahrloste Knaben", wie es damals hieß. 1930 erfolgte ein Teil- und 1989 der komplette Abriss. Diese Aufnahme stammt aus den 70er Jahren.

Von 1990 bis 1992 wurde das Haus am Fischersand neu gebaut. Heute befindet sich darin die katholische Bildungs- und Tagungsstätte St. Martin.

Die Lange Brücke

Die Lange Brücke ist ein etwas irreführender Name für eine Straße in der Altstadt, nur wenige Gehminuten vom Domplatz entfernt. Sie wurde 1293 erstmals urkundlich erwähnt. Zwei Brücken, die über den Walkstrom und den Bergstrom führen, gehören zu dieser Straße. Die Lange Brücke ist heute eine beliebte Einkaufsmeile mit zirka 40 Fachgeschäften, gemütlichen Cafés und urigen Restaurants.

Die Sackpfeifenmühle auf der Langen Brücke war schon früher ein markantes Gebäude. Hier in einer Aufnahme, die zu Beginn des 20. Jahrhunderts entstand.

Die Sackpfeifenmühle wurde 1736 erbaut, stellte ihren Betrieb 1940 ein und beherbergt heute ein beliebtes Café.

Das Andreasviertel

Nördlich des Domplatzes befindet sich das Andreasviertel, das bereits um 1 000 entstand. In ihm siedelten hauptsächlich Handwerker. Gutbürgerliche Prachtbauten wird man im Andreasviertel nicht finden. Zu Beginn des 20. Jahrhunderts galt das Quartier mit den kleinen Fachwerkhäusern als Schandfleck.

Während der DDR-Zeit. war geplant, alle Häuser abzureißen, aber aus finanziellen Gründen blieb es beim langsamen Verfall und punktuellem Abriss. Eine Aufnahme aus den 70er-Jahren.

1990 begann die behutsame Sanierung des Andreasviertels, wobei der Charakter des Viertels erhalten bleiben sollte. Heute gehört es zu den beliebtesten Wohngegenden in der Innenstadt.

Die Glockengasse im Andreasviertel war zu DDR-Zeiten dem Verfall preisgegeben. Wie schmuck sie sich nach der Wende herausputzte, zeigen die Farbaufnahmen aus heutigen Tagen.

Die Gassen Kleine Arche und die Große Arche nahe dem Domplatz führten zu DDR-Zeiten ein Schattendasein.

Heute sind in den beiden Gassen mehrere Kultureinrichtungen beheimatet: Das Naturkundemuseum, das Puppentheater und im Waidspeicher ein Kabarett. Auf dem Foto ist das Erfurter Hochzeitshaus zu sehen.

Jwd ganz nah

Nach so vielen historischen Bauten erholen wir uns im stadtnahen Grün. Erfurt hat in jedem Teil der Stadt einiges zu bieten, wie den Stadtpark, den Südpark, den Nordpark oder den Dreibrunnenpark, auch Luisenpark genannt. Namensgeber des Letzteren sind drei dicht nebeneinanderliegende Quellen. Die drei artesischen Brunnen wurden 1992 erneuert. Das 2,3 Hektar große Parkgelände mit schönem altem Baumbestand wurde bereits im 15. Jahrhundert urbar gemacht und zu einem Lustgarten umgestaltet. Die Stadt erwarb das Gelände 1897 und gestaltete es um. Seit 1900 ist der Park für die Erfurter geöffnet.

Über die Oberlache führt Erfurts einzige überdachte Holzbrücke. Sie wurde 1907 vom ehemaligen Kaiserplatz in den Luisenpark umgesetzt.

Stilgerecht erhalten und kein bisschen morsch, die Holzbrücke im Luisenpark.

Der Bismarckturm

Der Aussichtsturm im Steigerwald ist 22 Meter hoch. Am 23. März 1900 wurde in Erfurt ein Verein gegründet, der es sich zur Aufgabe machte, Spenden zur Errichtung eines Bismarckturmes zu sammeln. Am 1. September 1901 wurde er eröffnet. Zu DDR-Zeiten wurde das Bauwerk in Friedensturm umbenannt. Die Aufnahme entstand in den 70er-Jahren.

Eine aktuelle Aufnahme des Aussichtsturmes, der sich nach der Wende wieder Bismarckturm nennen darf. Ein neuer 1990 gegründeter Bismarckturm-Verein kümmert sich um dessen Erhaltung.

Jüdisches Leben in Erfurt

Hinter dem Fischmarkt steht die Alte Synagoge mit ihren ältesten Bauteilen aus dem späten 11. Jahrhundert. Von den Synagogen Mitteleuropas, die bis zum Dach erhalten sind, ist die Erfurter die älteste. Nachdem die Synagoge nach dem Pogrom von 1349 beschädigt wurde, wurde sie in den darauffolgenden fünf Jahrhunderten als Speicher genutzt.

Im 19. Jahrhundert diente das Gebäude als Tanzsaal, im Keller befand sich eine Kegelbahn. Nach einer umfangreichen Sanierung, die 2009 abgeschlossen wurde, beherbergt die Alte Synagoge heute ein Museum.

Die „kleine Synagoge" wurde 1840 erbaut und nur 44 Jahre als Gotteshaus genutzt. Seit 1998 ist sie Begegnungsstätte.

Die neue Synagoge befindet sich am Kartäuserring, wo bis zur Reichspogromnacht vom 9. zum 10. November 1938 die große Synagoge stand. Nach der Plünderung wurde sie abgebrannt. Der prächtige Backsteinbau war 1884 eingeweiht worden. Zeugnis jüdischen Lebens in Erfurt gibt auch die bei Bauarbeiten 2007 nordwestlich der Krämerbrücke neu entdeckte Mikwe (rituelles Bad) ab.

Die große Synagoge am Kartäuserring wurde in der Reichspogromnacht 1938 ausgeplündert und brannte ab. Das Foto entstand einen Tag nach dem Brand.

Der schlichte Bau der neuen Synagoge an derselben Stelle.

Kleine Synagoge

Die kleine Synagoge am Junkersand wurde 1840 erbaut. Die Aufnahme ist von cirka 1900.

Seit 1998 wird in der kleinen Synagoge ein breites kulturelles Programm präsentiert mit dem Ziel, die Begegnung zwischen Juden und Nichtjuden zu fördern.

Der Takt hat sich geändert

Ein Unternehmen bestimmte die neuere Geschichte und Entwicklung Erfurts ganz wesentlich: das unter dem Namen Optima bekannt gewordene Büromaschinenwerk, dessen Anfänge bis in das Jahr 1862 zurückgehen. Anfänglich wurden in der Königlich Preußischen Gewehrfabrik am Mainzerhofplatz Kriegs- und Jagdgeräte hergestellt und schon 1866 galt das Unternehmen mit 420 Beschäftigten als größtes Unternehmen der Stadt. Nach dem Ersten Weltkrieg stellte die Firma auf die Produktion von Schreibmaschinen um. Zu DDR-Zeiten war der VEB Optima Büromaschinenwerk einer der wichtigsten Arbeitgeber in Erfurt. Nach der Wende ging die Firma in Insolvenz.

Wo einst der Puls der Arbeit den Takt bestimmte, geht es heute um einen ganz anderen Rhythmus. 2003 wurde auf dem einstigen Fabrikgelände der Neubau des Theaters Erfurt eröffnet. Die moderne Spielstätte kann mit ihren Inszenierungen mit Theatern in großen Städten konkurrieren. Der Bau selbst, bei dem Glas bevorzugter Baustoff war, gibt aus seinem Inneren den Blick auf Dom und Petersberg frei. Der Innenhof kann als „Theatrium" in eine reizvolle Freiluft-Spielstätte verwandelt werden.

Im Büromaschinenwerk Optima, einem der großen Arbeitgeber Erf ging es zu DDR-Zeiten betriebsam zu.

2003 eröffnete auf dem Gelände der ehemaligen Fabrik ein moderner Theaterbau.

Auf Zuwachs eingestellt

Das ehrgeizige Neubauprogramm der DDR machte auch vor der Blumenstadt nicht halt. Rund um den historischen Stadtkern, der langsam verfiel, entstanden große neue Wohngebiete. Zunächst wurde noch innenstadtnah gebaut, wie bei den Wohnkomplexen am Johannesplatz. Zwischen Mitte der 60er- und 70er-Jahre machten sich auf den einstigen Äckern im Norden Erfurts die Stadtteile Berliner Platz, Moskauer Platz, das Rieth und der Rote Berg breit.

Auf dem Herrenberg und dem Wiesenhügel im Südosten reckten sich Plattenbauten um die Wette in die Höhe und das kleine Melchendorf wurde von Drosselberg und Buchenberg eingekreist. Neu, warm, trocken, bezahlbar – diese Attribute reichten nach der Wende nicht mehr aus, um Menschen in die Platte zu locken oder vom Wegzug in die Innenstadt oder ins eigene Heim abzuhalten. Mit Sanierung, Abriss und Rückbau soll das Wohnumfeld in den Plattenbauten verbessert werden.

Jedem seine eigene Wohnung – der Slogan des ehrgeizigen DDR-Wohnungsbauprogrammes beseitigte zwar die Wohnungsnot, aber das Wohnumfeld ließ oft zu wünschen übrig. Die Aufnahme zeigt einen Plattenbau auf dem Drosselberg in den 80er-Jahren.

Wärmegedämmt, rekonstruiert, teils mit veränderten Grundrissen wurden die Großraumsiedlungen nach der Wende attraktiver. Ein sanierter Plattenbau auf dem Drosselberg.

Schloss Molsdorf

Im Erfurter Stadtteil Molsdorf, das Dorf war noch bis 1994 selbstständig, befindet sich ein reizendes Schloss gleichen Namens, das ursprünglich eine Wasserburg war. Mehrfach wechselnde Besitzer bauten es um. Ihnen gingen die finanziellen Mittel aus, so wie Graf Gustav Adolf von Gotter, der dem Bau von 1734 bis 1740 seine Barockgestalt gab und ihn 1748 wieder verkaufte. 1938 erwarb der preußische Staat Schloss und Gelände. Nach Sanierungen 1950 und 1990 beherbergt es heute eine Gaststätte und eine Ausstellung des Erfurter Künstlers Otto Knöpfer.

Wer zu DDR-Zeiten fürstlich ausgehen und speisen wollte, der fuhr in das Schloss Molsdorf vor den Toren der Stadt. Eine Aufnahme aus den 80er-Jahren.

Blick auf Schloss Molsdorf mit dem Park. Es ist eine knappe halbe Autostunde von der Erfurter Innenstadt entfernt und bietet neben der weitläufigen Grünfläche eine Kunstausstellung und eine Gaststätte.

Weitere Bücher aus dem Wartberg Verlag für Ihre Region

  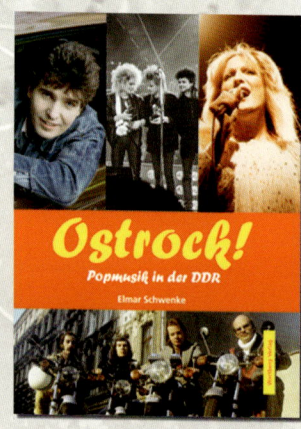  

Regina Söffker
**Unsere Kindheit in der DDR –
50er, 60er, 70er**
96 Seiten, geb.,
Großformat, zahlreiche Farb- und S/w-Fotos
ISBN: 978-3-8313-2221-3

Rainer Küster
**DDR auf Rädern –
Fahrzeuge im Osten**
64 Seiten, geb.,
Großformat, zahlreiche Farb- und S/w-Fotos
ISBN 978-3-8313-2225-1

Elmar Schwenke
Ostrock! Popmusik in der DDR
64 Seiten, geb.,
Großformat, zahlreiche Farb- und S/w-Fotos
ISBN 978-3-8313-2222-0

Regina Söffker
**PRAMO, Konsum, Exquisit –
Mode in der DDR**
64 Seiten, geb.,
Großformat, zahlreiche Farb- und S/w-Fotos
ISBN: 978-3-8313-2223-7

Helga Wagner
**Bino, Fit und Arthur der Engel –
Werbung in der DDR**
64 Seiten, geb.,
Großformat, zahlreiche Farb- und S/w-Fotos
ISBN: 978-3-8313-2224-4

Wartberg Verlag GmbH & Co. KG
Im Wiesental 1 | 34281 Gudensberg
www.wartberg-verlag.de

Bücher für Deutschlands Städte und Regionen
Tel. 0 56 03-93 05 0 | Fax 0 56 03-93 05 28
www.kindheitundjugend.de